MANDALAS PERROS

Libro para colorear sin estrés con fantásticos mandalas de todas las razas de perros. Libro para niños y adultos

THOMAS BLUE

CONSEJOS PRÁCTICOS PARA COLOREAR

Recomendamos colocar un trozo de cartón detrás de la página para ser coloreado. De esta manera evitará, en caso de una cal más fuerte con marcadores, que el color penetre. Sugerimos de todas formas colorear las obras con lápices de colores.

RECUERDA: inserta una revisión del mandala que prefieras ya coloreado!

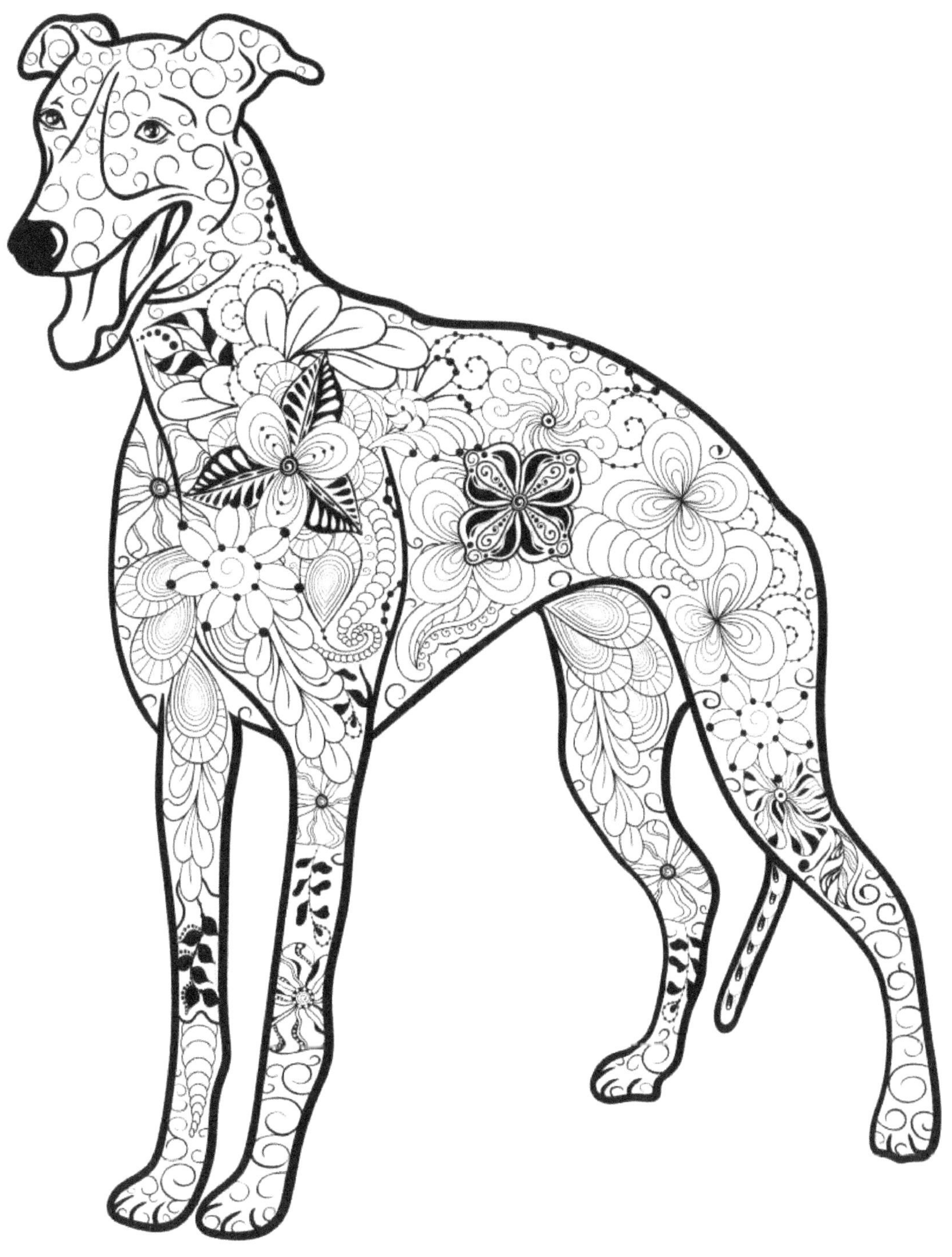

34

36

44

48

52

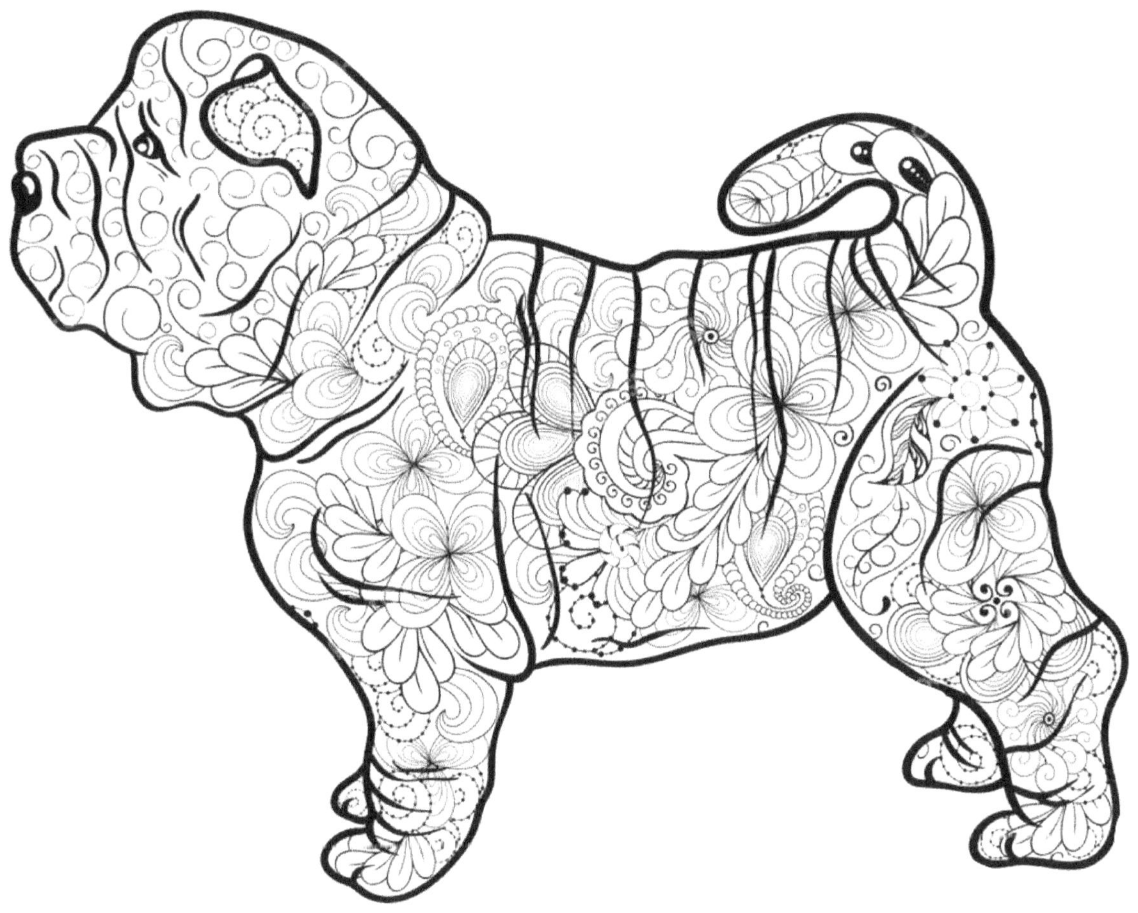

56

58

60

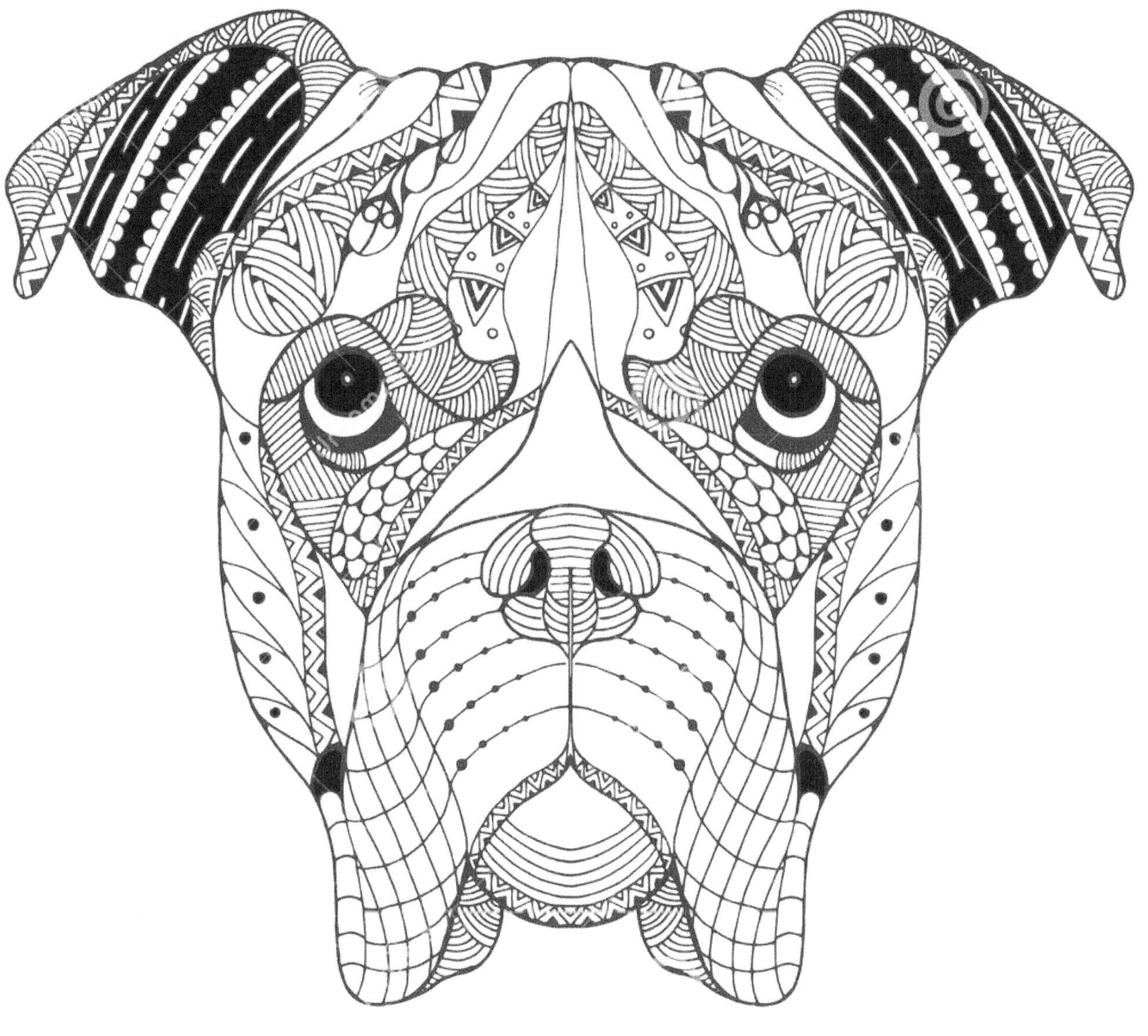

MANDALAS PERROS

76

MANDALAS PERROS

82

84

86

88

92

MANDALAS PERROS

102

104

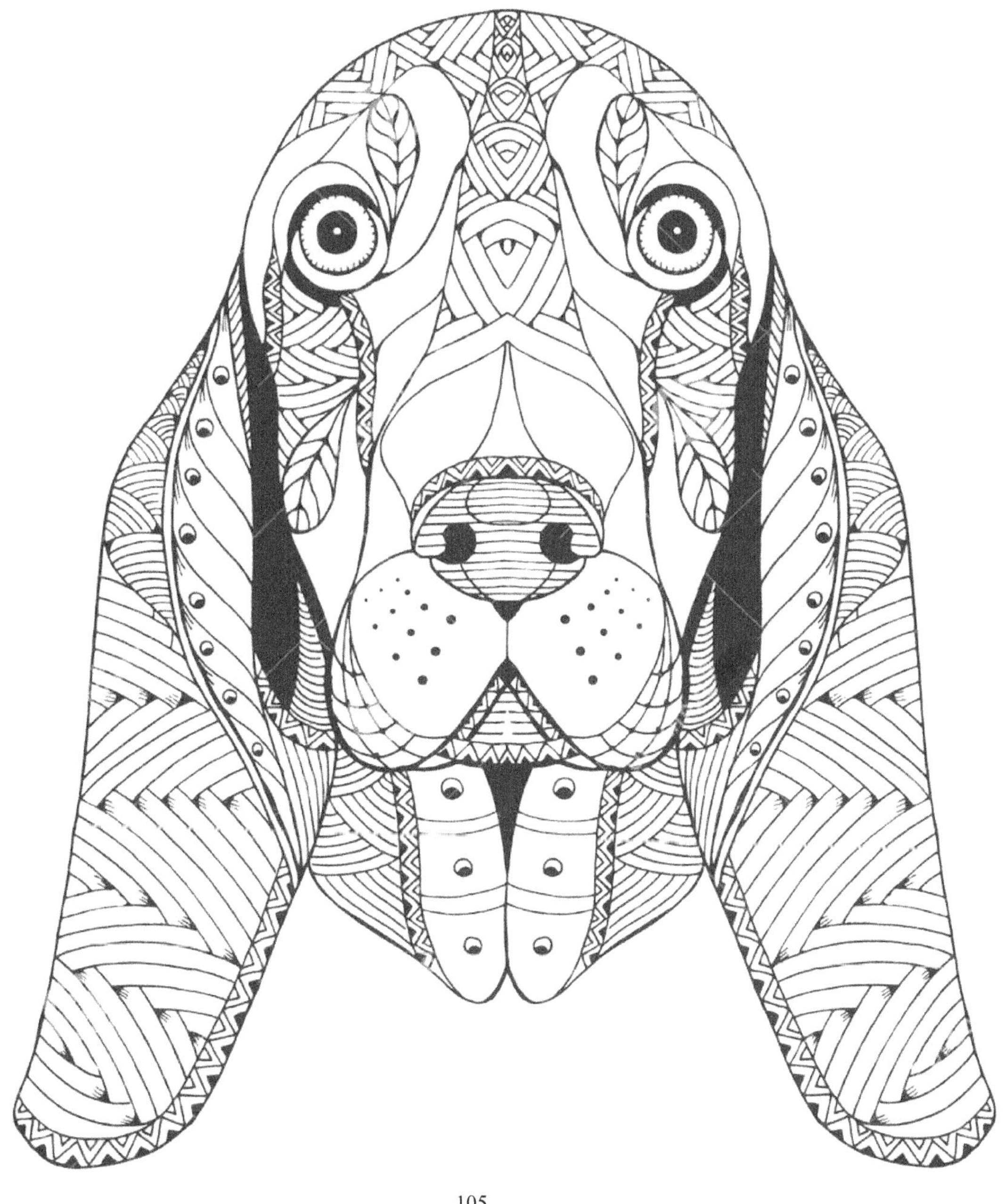